La Inquisición española: Historia y legado de la infame persecución de los herejes por la Iglesia Católica

Por Charles River Editores

Sello de la Inquisición española

Sobre Charles River Editors

Charles River Editors es una compañía de publicación digital especializada en traer de la historia de vuelta a la vida con libros educacionales y cautivadores en un amplio rango de temas. Mantente al día con nuestras nuevas ofertas gratuitas con esta inscripción de 5 segundos a nuestra lista de correo semanal, y visita nuestra Página de Autor Kindle para ver otros títulos publicados recientemente en Kindle.

Escribimos estos libros para tí y siempre buscamos las opiniones de nuestros lectores, por lo que te animamos a escribir una reseña y estamos deseando publicar nuevos e interesantes títulos cada semana.

Introducción

La Inquisición española

"La persecución no es una característica original de ninguna religión; pero es una característica extraordinariamente notable en todas las religiones legales o religiones establecidas por ley." Thomas Paine, *Los derechos del hombre*

En muchas sociedades modernas, se han establecido leyes para proteger a los ciudadanos de la discriminación basada en el género, las creencias, la raza y la sexualidad. La simple idea de ver esos derechos violados de alguna manera es algo que la gente del mundo occidental considera impensable. En estos tiempos, la gente peleará con dientes y con uñas contra los casos de discriminación e injusticia, bien sea buscando acción legal o acusando legalmente a la parte que discrimina.

Hay muchas organizaciones alrededor del mundo que ayudam a combatir y a proteger a los ciudadanos de las desigualdades arbitrarias. Los medios de comunicación social se han convertido también en canales por medio de los cuales la gente de todo el mundo puede denunciar estas injusticias. Las personas de todo el mundo que se solidarizan con los discriminados se unen para condenar a los fanáticos. Se ha visto que los boicots, las solicitudes y las reacciones negativas en los medios y en el internet han jugado un papel significativo en la caída de individuos y corporaciones que han sido acusados de alguna clase de discriminación.

El camino hacia la edad moderna de armonía y aceptación cultural es una de las hazañas más hermosas del progreso humano, pero habiendo dicho esto, hubo un tiempo en que la simple duda de la existencia de una figura religiosa era no solo un crimen punible legalmente, sino que muy bien podía costarle a una persona la vida. Este era el crimen de herejía. Esta clase de persecución religiosa ha estado presente por miles de años, y los cristianos fueron con frecuencia sus víctimas, pero cuando la Iglesia Católica comenzó su rápida difusión a través de Europa durante la edad media, las cosas cambiaron. En 1184, el Papa Lucio III promulgó una bula papal que iba a desatar una larga tradición de caza de brujas, lo que dio como resultado el comienzo de la época de la Inquisición.

Por un giro de los acontecimientos, los perseguidos se volvieron perseguidores. A partir de entonces, la Iglesia Católica se atribuyó el poder de tener tribunales, o cortes judiciales, en su intento de exterminar la herejía de una vez por todas. Se cree que estas inquisiciones, que habrían de plagar a Europa por siglos, vieron a cientos de miles de personas perseguidas por creencias que iban contra la Iglesia. Una escandalosa porción de ellos serían brutalmente torturados y condenados a muerte.

Ninguna de ellas podría compararse con la que comenzó en el siglo XV—la Inquisición española. La infame inquisición, objeto de muchos documentales, películas, y otros medios de la cultura pop, es una era oscura recordada por su opresión, bárbaras torturas y tiranía religiosa. Sirviendo como telón de fondo de todo esto hubo una terrible enfermedad, un hombre identificado con Satanás y el tumultuoso surgimiento y caída de uno de los más terribles períodos de la historia europea.

La Inquisición española: Historia y legado de la infame persecución de los herejes por la iglesia católica estudia cómo nació la inquisición y cómo la gente fue torturada y ejecutada. Junto con imágenes de gente importante, lugares y acontecimientos, usted aprenderá acerca de la inquisición como nunca antes.

Las primeras inquisiciones

"Cuando oiga a un laico hablar mal de la fe cristiana, defiéndala no con palabras sino con la espada, que usted debería hundirle en el estómago tan profundamente como sea posible." – Papa Gregorio IX

La discriminación religiosa, aunque no extinguida por completo hoy en día, es algo que muchos encuentran intolerable, pero hubo un tiempo en que fue aprobada por las más altas autoridades. La persecución de aquellos que no se adherían a las creencias religiosas del gobierno fue alguna vez considerado no solo como algo normal, sino que se tuvo como un deber cívico.

Una de las primeras persecuciones asociadas con los cristianos empieza el año 64 D.C. en Roma. Aquel año, un terrible incendio causó estragos en Roma por cerca de una semana, destruyendo un 75% de la ciudad. Poco después se construyó un lujoso palacio en el sitio del incendio. La gente furiosa acusó al emperador Nerón de haber sido el incendiario, creyendo que había incendiado la ciudad para su propia satisfacción. Oyendo los gritos enfurecidos de la gente, Nerón desvió la acusación hacia los cristianos, acusándolos del incendio y ordenando que fueran acorralados y ejecutados. Cientos de cristianos fueron bárbaramente asesinados, siendo algunos de ellos quemados vivos y otros despedazados por perros sedientos de sangre.

Busto de Nerón

Durante los siguientes siglos, los cristianos de Roma fueron perseguidos ininterrumpidamente. Los paganos romanos criticaban a los cristianos por negarse a inclinarse ante los dioses romanos y se sentían ofendidos por la negativa de los cristianos a ofrecer dones y sacrificios al emperador romano, que era visto como un ser semi-divino. Adicionalmente, ignorantes de sus costumbres, las autoridades—quizás malinterpretando los ritos de la Eucaristía y del *ágape* cristiano—los acusaron de tomar parte en actos de incesto y canibalismo.

En aquellos días la persecución no se limitaba a los cristianos. El Senado romano también condenaba los cultos de las divisiones romanas y griegas, inclusive a los seguidores de Baco y de la Gran Madre. Las bacanales eran perseguidas por sus alborotos y su inclinación a la violencia, mientras que la Gran Madre era servida por sacerdotes auto castrados que estimulaban "una música y unos bailes extravagantes." Estos cultos eran estigmatizados por ser toscos y no romanos. Como dice el dicho, "en Roma haz lo que vieres."

Sin embargo, el siglo IV vio un gran cambio en el poder. En el año 321 D.C. el emperador Constantino I llegó a ser el primer emperador romano en convertirse al cristianismo. Constantino ordenó el fin de la persecución de los cristianos, y el catolicismo llegó a ser muy pronto la religión dominante en todo el mundo.

Al principio de la edad media, la Iglesia Católica Romana había llegado a ser una inflexible fuerza de autoridad en Europa. Los habitantes de los pueblos, en su mayoría gente católica, estaban de acuerdo con las autoridades en que los herejes amenazaban con traer sobre la sociedad la condena final y estas recibieron un gran apoyo cuando buscaron liberar a las comunidades de la plaga de la herejía.

Foto de Jean-Christophe Benoist de un busto de Constantino el Grande

La primera de las inquisiciones, también conocida como la Inquisición Episcopal, comenzó en 1184. Ese año, el Papa Lucio III promulgó una bula papal que llamó "Ad abolendam." Esta expresión latina que significa "para acabar con…" hizo exactamente eso. Los obispos locales, el "episcopus", eran enviados a sus respectivas diócesis dos veces al año para cazar a los herejes.

Retrato de Lucio III

Los que estaban al comienzo de la lista eran los cátaros del sur de Francia (especialmente en Tolosa), que creían en el blasfemo "dualismo." Los cátaros predicaban un buen Dios, que creó el mundo espiritual, y un mal dios, que hizo el mundo material. Puesto que ellos estaban acostumbrados a seguir un estricto estilo de vida de pobreza y castidad, su firme rechazo a tomar parte en los juramentos enfureció a las autoridades gubernamentales. Entre 1208 y 1218 se cree que unos 15.000 cátaros perdieron su vida en este proceso.

En las regiones vecinas de Alemania y el norte de Italia, los obispos concentraron su atención en el movimiento valdense. Los valdenses eran laicos ortodoxos, o miembros de la iglesia que no estaban ordenados, que expresaban su disgusto por la creciente riqueza e influencia de la iglesia católica. Aunque la secta compartía la creencia de la iglesia en que solo había un Dios, los valdenses estaban en contra de los santos y de los mártires antiguos. Tampoco creían en la necesidad de reunir un grupo especial de hombres para ejercer las funciones sacerdotales; por el contrario, creían en un solo cuerpo al que se referían como "el sacerdocio de todos los creyentes."

En 1216, santo Domingo de Guzmán fundó la Orden de Predicadores, inspirado por un viaje que hizo al sur de Francia, región infestada por la herejía. Él reunió un pequeño grupo de mujeres convertidas, conocidas hoy en día como Monjas Dominicas, que fueron encargadas de predicar y orar por el pueblo a nombre de la Orden Dominica. Algunos hombres fueron pronto atraídos a este grupo religioso y fueron conocidos como frailes. El 22 de diciembre de aquel año, el Papa Honorio III reconoció formalmente la orden.

Pintura de Santo Domingo por Fray Angélico

Estas inquisiciones primitivas y tempranas fueron adelantadas en varios grados y los historiadores se refirieron a esta etapa como algo asistemático y desorganizado. De hecho, las autoridades comenzaron a preocuparse cuando más y más aldeanos comenzaron a quemar supuestos herejes sin tener un juicio apropiado. Temeroso del caos originado por las inquisiciones no reguladas y el surgimiento de violencia de bandas criminales, el Papa de entonces, Gregorio IX, buscó la forma de organizar el sistema. En febrero de 1231, el Papa Gregorio IX dictó una ley romana que establecía que los herejes juzgados y condenados por la corte eclesiástica debían recibir "el castigo apropiado." El castigo, como el Papa declaró, debería ser prisión perpetua para el que se arrepintiera e inmolación para el obstinado e impenitente. Este fue el comienzo de lo que hoy es conocido como la Inquisición papal.

Pintura del Papa Gregorio IX

La inquisición, que al principio enfocó sus esfuerzos en la eliminación de los cátaros y los valdenses, pronto amplió sus horizontes. Ahora estaban en la búsqueda de herejías de toda clase, lo que incluía perseguir a aquellos que tuvieran creencias diferentes o ligeramente discordantes, los blasfemos y las denominadas brujas. El Papa formó un equipo especialmente entrenado de "inquisidores papales", sobre todo sacerdotes dominicos y franciscanos, y los hizo extenderse por toda Europa.

El Papa Gregorio IX confiaba traer un aire de legalidad y organización a las inquisiciones haciendo que el poder de perseguir a los herejes no estuviera ya en manos de los obispos locales, sino del papado. A partir de ese momento, los herejes eran reunidos en el local de la Inquisición, donde serían interrogados por funcionarios entrenados con una serie de preguntas aprobadas de antemano por el Papa mismo. Asimismo, por instrucciones del Papa, los inquisidores tenían ahora que mantener una documentación detallada de sus interrogatorios y archivar registros de los herejes acusados. La puesta al día de la organización fue evidente, como lo muestra el hecho de que la mayoría de los archivos históricos de la Edad Media están compuestos por testimonios de los herejes de la inquisición papal.

Cuando la herejía iba a ser investigada en un área especial, eran nombrados dos inquisidores para adelantar el interrogatorio y el juicio posterior. Mientras algunos inquisidores eran conocidos como más compasivos y caracterizados como "hombres misericordiosos", había otros que se saltaban las reglas. Estos inquisidores infligían al acusado sofisticados métodos de tortura, obligándolos a confesar de manera que pudieran ser puestos entre rejas.

Cuadro contemporáneo del Papa Inocencio IV

El Papa y sus ayudantes estaban convencidos de que los tribunales eclesiásticos eran suficientes para, en cierto sentido, atemorizar a los herejes y a los opositores de tal manera que aceptaran lo que ellos creían que era la única verdadera religión. Por otro lado, herejes contumaces que eran considerados causas perdidas podrían ser ejecutados rápidamente. Esto, según creía el Papa, era una necesidad, la única forma de mantener la pureza de la iglesia y de la sociedad, y estas primeras inquisiciones papales fueron la base de las futuras inquisiciones.

La maldición de la Peste Negra

"La plaga no respeta clases sociales, y la mortalidad entre la nobleza es casi igual a la del resto de la población." – Robert Steven Gottfried

A mediados del siglo 14, Europa se enfrentó a una de las enfermedades más mortíferas conocidas jamás por la humanidad. En octubre de 1347, personas que iban a recibir o a despedir a alguien se dieron cita en el muelle siciliano de Mesina. Unos doce barcos estaban estacionados en el puerto, habiendo llegado hacía poco de un largo viaje a través del mar Negro; pero cuando los barcos permanecieron misteriosamente quietos, algunos espectadores preocupados subieron a ellos para inspeccionarlos.

Lo que vieron conmocionó profundamente aún a los más curtidos capitanes. Casi todas las tripulaciones de los barcos estaban muertas. Había unos pocos a duras penas todavía vivos, atacados por una enfermedad horrible y misteriosa. Algunos estaban completamente paralizados por fiebres altísimas, mientras otros convulsionaban sin control y aullaban de dolor, incapaces de mantener la comida. Lo más alarmante de todo eran docenas de horribles pústulas negras que se habían regado por los cuerpos de los hombres, soltando paquetes infectados de sangre y pus. Muy pronto, un nombre quedó asociado a esta debilitante enfermedad: "La peste negra."

Una ilustración medieval que muestra a gente con la peste recibiendo la bendición

Una pintura medieval del entierro de víctimas de la peste

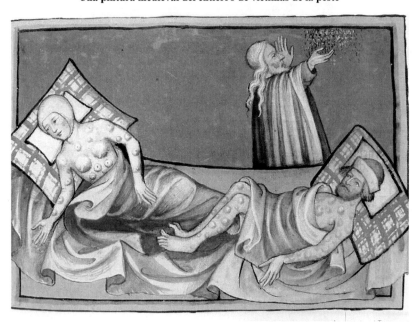

Una ilustración de principios del siglo 15 que se cree pinta la peste

Las autoridades lucharon por devolver al mar esos "barcos de muerte", pero el daño ya se había producido. Hasta entonces, los europeos solo habían oído vagas historias de una enfermedad parecida llamada "la gran peste", que estuvo extendida por regiones de Asia y el norte de África, pero dado el casi inexistente estado de comunicaciones internacionales de esa época, esas historias ofrecían poca o ninguna información sobre la forma de combatir la enfermedad.

Giovanni Boccaccio, poeta italiano, registró descripciones de los enfermos. Los peores tenían en sus axilas o en sus ingles unas pústulas, algunas del tamaño de un huevo y otras tan grandes como una manzana común. Junto con esas odiosas pústulas había los molestos síntomas de los escalofríos, severa diarrea, dolores abrasadores y, por último, la muerte. Las autoridades no habían visto nunca una enfermedad tan terriblemente contagiosa, que se transmitía solo con respirar aire contaminado y "por solo tocar la ropa." Los encargados de limpiar y manejar los cuerpos amontonados no usaban equipo protector, por lo tanto estaban totalmente expuestos a la bacteria de la plaga, contribuyendo por lo tanto a la extensión de la enfermedad.

Pintura de la plaga en Florencia de acuerdo con *El Decamerón*

Pintura medieval de Bocacio y otros florentinos huyendo de la peste

La gente se desesperó, disponiéndose a recurrir a cualquier cosa para curarse de la enfermedad. Las medidas más extremas fueron las tomadas por los flagelantes religiosos. Creyendo que ellos habían enfurecido a Dios de alguna manera, se azotaban y golpeaban repetidamente con la esperanza de mostrar su remordimiento y así escapar de la mortal enfermedad. Por supuesto, estas medidas eran inútiles. Al final, unos 20 millones de personas murieron en un espacio de cinco años, equivalente casi a una tercera parte de la población de todo el continente.

Eventualmente la Peste Negra fue controlada, pero lo que vino después fue más desgracia. Debido al drástico recorte de la población campesina, la población hambrienta se enfrentó a una escasez de alimentos, y esta escasez de alimentos allanó el camino a una inevitable inflación en los precios, lo que hizo que los pobres se hicieran aún más pobres. En ciertos pueblos ingleses los precios subieron vertiginosamente, con el pan y los alimentos básicos costando 4 veces el precio original.

Con la protesta comprensible del pueblo, las autoridades necesitaban a alguien a quien culpar. Inicialmente, la causa de la Peste Negra fue atribuida a un castigo directo de Dios. Hubo quienes dijeron que Dios estaba castigando la corrupta Iglesia Católica. Otros atribuyeron la ira de Dios a la en apariencia interminable guerra y devastador conflicto extendido por toda Europa. Otros insistían en que Dios estaba disgustado con ellos por su fracaso en arrojar a los musulmanes de Tierra Santa.

Eventualmente, las autoridades encontraron otro chivo·expiatorio: los judíos. Los funcionarios notaron que la enfermedad había afectado poco o casi había pasado por alto ciertos pueblos. Estos eran los pueblos que albergaban muchas de las comunidades judías. Las autoridades europeas comenzaron a copiar la idea, convencidas de que habían localizado la fuente de sus problemas. Muchos comenzaron a predicar que era su deber convertir, alejar o eliminar a los judíos con el fin de mantener intacta la sociedad.

En ese momento, los europeos no podían comprender por qué que las víctimas judías morían en una proporción que era la mitad de sus contrapartes cristianas, mientras que los historiadores de hoy han vinculado la mayor tasa de sobrevivencia de las comunidades judías a las prácticas sanitarias de sus costumbres tradicionales. Mientras los miembros no judíos de la sociedad en Europa podían pasarse décadas sin lavarse nunca las manos, los judíos estaban obligados por la ley religiosa a mantenerse limpios en todo momento. Se les enseñaba a lavarse las manos completamente múltiples veces cada día, inclusive antes de las comidas, después de cada "íntimo" contacto humano y después de ir al baño.

Otro factor digno de consideración es la forma como los judíos trataban sus cadáveres. Mientras que el público en general persistía en la costumbre de dejar los cuerpos contagiados por la enfermedad a la intemperie durante muchos días hasta que se pudrieran antes de enterrarlos, la ley judía ordenaba una sepultura inmediata. Además, en el espíritu de la chevrah kadisha, la asociación judía oficial de la sepultura, los cuerpos eran primero limpiados apropiadamente antes de ser puestos bajo tierra.

Había muchas razones prácticas por las cuales a los judíos les fue mejor, pero los no judíos fueron incapaces de entenderlas o aceptarlas, de ahí que pronto apareció otra teoría. En este caso la explicación fue que los judíos, a quienes los cristianos describían como agentes de satanás, querían destruir las comunidades cristianas desde adentro. Fueron acusados de envenenar las fuentes de agua, y el resto del mundo se unió para tomar venganza de los ellos, con un odio contra que iba aumentando sin pausa. Varios papas intentaron proclamar que los judíos no debían ser culpados o perseguidos, pero fueron ignorados.

El odio común hacia los judíos trajo como consecuencia una cadena de pogroms. En 1349, cerca del final la Peste Negra, comenzaron los horrores. Ese año, todos los miembros de la comunidad judía de Basilea, Suiza fueron arrestados y quemados vivos. Otras comunidades judías residentes en las ciudades de Augsburgo, Núremberg, Múnich y muchas más o fueron obligadas a salir o fueron ejecutadas. Los residentes de una comunidad judía en Maguncia,

Alemania, fueron condenados por las autoridades a ser quemados en la hoguera. Enfrentados a un destino inmodificable, 580 de esos residentes tomaron la ley en sus manos y prendieron fuego a sus propias casas antes de que las autoridades pudieran ponerles la mano encima.

La comunidad judía de Maguncia intentó defenderse por sí misma, matando al menos 200 de sus atacantes cristianos, pero la venganza de estos fue rápida y brutal. El 24 de agosto del mismo año, 6000 judíos perdieron su vida. En 1351, un año después del final oficial de la Peste Negra, las comunidades judías en regiones de Alemania y los Países Bajos eran prácticamente inexistentes, aunque la destrucción violenta y el derramamiento de sangre continuó por cuatro décadas más. Para poner esto en perspectiva, la población judía de Frankfurt se calculaba aproximadamente en 19.000 en el año 1350, pero medio siglo después, la población se había reducido miserablemente a 10 personas.

¿Qué fue lo que realmente produjo la Peste Negra? Hasta hace poco, se creía que la peste bubónica había sido causada por pulgas contagiadas que viajaban a lomos de roedores. Esto ha sido ahora cuestionado (algunos científicos sugieren que la causa vino a través del aire), lo que es cierto es que la enfermedad no se originó en un grupo particular de gente.

Nacimiento de la inquisición española

"Toda persona que tenga una interpretación personal de Dios que sea opuesta al dogma de la iglesia debe ser quemado sin compasión." –Papa Inocencio III

Al final del siglo 14, la desconfianza y los prejuicios contra las comunidades judías se extendieron rápidamente a España. En 1391, Jaime II de Aragón se subió al carro; arrinconado por la iglesia católica, estableció una ley que desterraba por completo a los judíos de España. Los judíos fueron rechazados en masa, y a los que quedaron se les dio un ultimátum: o se convertían al catolicismo o enfrentaban una muerte inmediata.

Cuadro contemporáneo de Jaime II de Aragón

Todavía vino otra ola de sangrientos pogroms. En los cuatro siglos anteriores, la ciudad de Barcelona había sido el centro de las comunidades judías de Europa. En solo tres años, todas las veintitrés sinagogas judías de esa ciudad habían sido demolidas por la fuerza. No quedaron sino restos calcinados y cenizas.

Hacia 1394, las comunidades judías de Barcelona, Toledo, Sevilla y Perpiñán no eran más que un simple recuerdo. Los judíos españoles que quedaron hicieron cuanto pudieron por perseverar. Ellos reunieron suficiente dinero para sobornar a las autoridades y practicaron su fe en secreto hasta bien entrado el siglo XV.

El siglo XV marcó un cambio esencial tanto para los judíos como para los cristianos españoles. La conversión de los judíos se había convertido en el principal objetivo de la iglesia católica, y estaba determinada a conseguirlo. Para eso, la iglesia católica confiaba ampliamente en los desertores, también conocidos como apóstatas o conversos, para sacar adelante la causa. Entre esos apóstatas figuraba el Rabino Salomón ha-Levi. Originario de Sevilla, el rabino era una especie de figura simbólica, y era muy respetado por las comunidades judías. Después de la toma de control en 1391 de la Barcelona judía, sin embargo, él, junto con su esposa y sus hijos se convirtieron al catolicismo. El antiguo rabino se llamó a si mismo Pablo de Burgos.

D. PABLO DE SANTA MARIA,

Pablo de Burgos

Salomón ha-Leví, ahora Pablo de Burgos, fue uno de los más notables conversos. Este fue el nombre dado a toda persona de la religión judía o musulmana que se había convertido al catolicismo. Mientras algunos conversos fueron obligados a convertirse, otros, como ha-Leví, se convirtieron voluntariamente. Este fue un rótulo aplicado no solo a la generación de los que se convirtieron, sino que fue heredado también por sus hijos y sus descendientes.

Los conversos se enorgullecían de ser una nueva generación de cristianos. Aunque eran descendientes de judíos, ellos abrazaron la "verdadera" religión católica. Hubo inclusive quienes afirmaban que los conversos tenían una conexión más profunda con Dios y eran simplemente mejores que los "cristianos viejos." De acuerdo con los conversos, como judíos, ellos eran consanguíneos de Cristo. Un obispo converso, llamado Alonso de Cartagena, fue conocido por recitar una versión retocada del "Ave María." Cuando oraba, él se refería constantemente a María como "Madre de Dios y mi pariente sanguínea."

En 1394, Pablo de Burgos comenzó a trabajar oficialmente para el Papa Benedicto XIII, conocido entonces como el cardenal Pedro de Luna. Junto con otro converso, Josué ha-Lorki, buscaron con éxito convertir 50 de los más respetados intelectuales judíos. Entonces se escribió, se firmó y se dirigió a todos los judíos un documento animándolos a no resistirse. Se les aconsejaba convertirse al catolicismo, única forma en que podrían permanecer en España.

Hubo un judío que no pudo ser convencido tan fácilmente y que estaba disgustado por el creciente número de conversos. Su nombre era Hasdai Crescas, un antiguo discípulo de Pablo de Burgos y de ha-Lorki. Crescas publicó una serie de libros en defensa del judaísmo, el primero de los cuales se tituló *Ohr Hashen* (Libro de la luz). Estas publicaciones no solo alababan el judaísmo, sino que en ellas Cresca incluía un duro comentario acerca de la iglesia católica. Unos pocos años más tarde, el rabino Isaac ben Moses ha-Lveí Durán escribiría un libro del mismo género.

Quizás el más comprometedor de la literatura rebelde fue el libro de Durán *Kelimmat ha-Goyim* que quiere decir "La vergüenza de los gentiles." La publicación de este libro encontró reacciones contradictorias y fuertes. Por un lado, los judíos se alegraron de la audacia del autor al escribir lo que ellos no podían expresar. Por otro lado, la publicación del libro no hizo más echar más gasolina al fuego del prejuicio de las autoridades españolas contra los judíos.

La Iglesia Católica vio esto como una blasfemia total y decidió que todos los judíos españoles debían pagar por ello. Se convirtió en un gran honor recibir el encargo de convertir a los judíos por medio de terribles pogroms. Los líderes de uno de los más prolíficos pogroms alardeaban de haber encabezado un ejército que convirtió 20.000 judíos y mató otros 10.000 en el proceso.

La amenaza de la extinción se cernía sobre las restantes comunidades judías. Las nuevas leyes aprobadas en 1412, dirigidas a ridiculizar a los judíos, buscaban eso. En primer lugar, los judíos eran separados del resto de la población, enviados a vivir en los barrios marginales de las ciudades y de las aldeas. No se les podía llamar con ningún título o por sus nombres cristianos, y tenían que adherirse a un estricto código de vestimenta. No se les permitía usar perfume o adornarse con "plumas en el pelo" o vestirse con telas elegantes como satín fino o seda. La modesta vestimenta se complementó con un decreto que obligaba a los hombres judíos a dejarse una barba larga y descuidada.

El mismo conjunto de leyes prohibía al público interactuar con los judíos y limitaba las profesiones judías. No se les permitía ya tener parcelas de tierra y se les prohibía cosechar, ocupar puestos en el gobierno u otros medios de comercio. Esto condujo al fin de los sastres judíos, zapateros, herreros, médicos, farmaceutas, agentes comerciales y cambistas de moneda. Como lo dijo la Iglesia Católica, los judíos fueron sometidos a un extenuante trabajo manual, como "cortadores de leña y cargadores de agua."

Ha-Leví y Ha-Lorki esperaban encontrar una solución definitiva al conflicto judeo-católico. Solicitaron una reunión con el Papa Benedicto XIII, proponiendo un debate completo entre funcionarios judíos y cristianos, con el Papá supervisando la discusión como el árbitro de la misma. Si los judíos salían victoriosos, se les permitiría practicar su fe, libres de toda intervención de la Iglesia o del gobierno. Si los católicos ganaban, todos los judíos se comprometían a convertirse al catolicismo.

Papa Benedicto XIII

En 1413 comenzó el debate en Tortosa y se extendería por casi tres años. Desafortunadamente, los funcionarios judíos sabían que el terreno de juego era todo menos nivelado. Nunca se les dio propiamente la oportunidad de presentar sus casos, sobre todo porque el hacerlo sería básicamente cometer un crimen en su calidad de ciudadanos españoles. A través de los años, alrededor de 300 rabinos tomaron parte en el debate. De los 300, cerca de un tercio fueron atraídos al catolicismo. Quizás para sorpresa de nadie, los judíos perdieron el debate. Muchos previeron los problemas que se avecinaban y empezaron a empacar sus cosas y salir. Hacia el final del siglo XV se calcula que unos 250.000 emigraron de España.

En la década de 1470, un fraile dominico llamado Alonso de Ojeda llegó a estar en estrecha relación con el rey Fernando y la reina Isabel, los reyes católicos de la época. Con información sonsacada a católicos conversos, Ojeda comunicó a la reina que un gran número de ellos estaban todavía practicando su fe en secreto. Una investigación dio como resultado informes detallados elaborados por otros dos frailes, Tomás de Torquemada y Pedro González de Mendoza, este último arzobispo de Sevilla. Sus hallazgos confirmaron lo dicho por Ojeda, lo que impulsó a los monarcas a tomar acción inmediata.

Torquemada

Pedro González de Mendoza

En 1478, el rey Fernando y la reina Isabel crearon el Tribunal del Santo Oficio de la Inquisición—o sea la Inquisición española. Los monarcas consideraron la inquisición como algo crucial por múltiples razones. Isabel había accedido al trono de Castilla hacía solo dos años y se hallaba inmersa en un conflicto con la reina de Portugal, Juana la Beltraneja. El apoyo dado por Francia y Portugal a la Beltraneja significaba que un trío de fuerzas estaba trabajando activamente para destronarla. Isabel esperaba combatir esto centralizando su poder por medio de la unidad religiosa. Además, la inquisición pretendía disminuir los poderes de otros rivales políticos, incluidos los judíos.

Así comenzó la era de la tristemente famosa inquisición.

Los monarcas católicos

Satanás por excelencia

"Pero hubo también falsos profetas entre el pueblo, como habrá entre vosotros falsos maestros, que introducirán encubiertamente herejías destructoras… Y muchos seguirán su sensualidad y por su causa el camino de la verdad será blasfemado…su destrucción no está dormida." 2ª de Pedro, 2:1—18

Cinco años después del establecimiento de la sede del tribunal, el fraile dominico Tomás de Torquemada, de 62 años de edad, recibió oficialmente el título de Gran Inquisidor. Otras fuentes se refieren a él como el Inquisidor General. Desde un principio, Torquemada, un hombre conocido por sus tácticas de interrogación inmisericordes y por su inquebrantable fe católica, se propuso una tarea y muy pronto se ganó una horrible fama, haciendo que los herejes acusados en toda España se estremecieran ante la sola mención de su nombre.

Torquemada, a pesar de haber sido descrito alguna vez en forma irónica como "Satanás por excelencia" fue un hombre de sincera devoción. Nació en la ciudad de Valladolid, España, en

1420. Su linaje ancestral estaba salpicado de conversos. Uno de ellos fue su tío Juan de Torquemada, cardenal e ilustre teólogo cuyo abuelo fue un converso.

Juan de Torquemada

Torquemada se había sentido siempre atraído por la vida religiosa. Cuando tenía alrededor de 20 años, el joven se unió a las filas de un humilde monasterio en San Pablo e hizo los votos religiosos. Por un poco más de dos décadas sirvió en el monasterio.

Durante su servicio en San Pablo se hizo conocer y no pasó mucho tiempo antes de que los líderes del monasterio tomaran nota de la estrella ascendente. Después de todo, Torquemada poseía las tres habilidades necesarias para triunfar- era austero, estudioso y profundamente devoto. En pocos años fue trasladado al monasterio de Santa Cruz en la ciudad de Segovia. Allí fue promovido al puesto de prior, un dignatario de alto rango, solo un peldaño por debajo del abad, la cabeza del monasterio.

Fue por esta época cuando se hizo amigo de la reina Isabel. Unos pocos años antes de Isabel ascender al trono, la futura reina todavía vivía en su palacio de Segovia. Llamándose a sí misma una piadosa católica, Isabel se aficionó inmediatamente al sensato fraile. A medida que los dos se hicieron más cercanos, ella invitó al fraile a servirle como su sacerdote privado, conocido también como su "confesor."

No solamente se había convertido Torquemada en el clérigo personal de Isabel, sino que también llegaría a ser su mayor apoyo y su aliado de confianza. En 1649, se cree que Torquemada convenció a Isabel, entonces de 18 años de edad, a que se uniera a su primo segundo, el rey Fernando de Aragón. Muchos especulan que el fraile había tratado a los reyes como peones y que lo que quería era simplemente unir los dos reinos de Castilla y Aragón para crear una poderosa unidad donde él pudiera libremente hacer su voluntad. De cualquier manera, después del matrimonio real, Torquemada se convirtió también en el confesor de Fernando.

El trío permaneció, en cierto sentido, inseparable. Torquemada estuvo presente en casi todos los eventos memorables, incluyendo la coronación de la reina de 23 años en 1474. Un homenaje a la estrecha relación del trío puede verse todavía hoy en el monasterio de la Santa Cruz. Una talla intrincada encima de la puerta del priorato muestra una imagen de santo Domingo portando una enorme cruz. Se dice que dos pares de manos que sostienen la cruz a ambos lados de Domingo representan las manos de Torquemada y de los monarcas católicos. Debajo de la escena hay un par de gatos y perros peleando. Los fieros perros simbolizan a los enérgicos dominicos, mientras que los felinos simbolizan a los herejes y los vicios materialistas del mundo.

Isabel y Fernando estaban más que seguros de que ellos habían elegido al hombre apropiado para el trabajo. Después de todo, Torquemada tenía un brillante portafolio. Alguna vez había organizado, con una asistencia de público impresionante, una quema de literatura blasfema en un monasterio de Salamanca. Estaba además el estatuto que publicó siendo prior del monasterio—la limpieza de sangre. Este estatuto garantizaba una pertenencia puramente católica a la Orden Dominica, "no manchada por sangre judía o musulmana."

Él no iba a decepcionar a los monarcas católicos. En quince años, Torquemada añadiría otras veinticuatro sucursales del Santo Oficio al gran total. Estas ramas se extendieron a lo largo y ancho del país, con dependencias en Jaén, Córdoba, Sevilla y Zaragoza. El historiador español Sebastián de Olmedo elogió a Torquemada, llamándolo "el martillo de los herejes, la luz de España, el salvador de su país y el honor de su orden."

Al mismo tiempo, había quienes maldecían a Torquemada y su gente con apodos nada halagadores. Torquemada era un personaje escalofriante. Recorría las calles de España en su hábito completamente negro, con el rosario al cuello traqueteando suavemente a medida que caminaba. Miraba a la gente con sus ojos fríos y profundos, llevando siempre una mueca de desprecio en su prominente nariz aguileña. Era llamado la "Leyenda negra" o simplemente el mismo diablo.

Torquemada, como los inquisidores anteriores a él, tenía un objetivo: limpiar todo el territorio español de toda clase de herejía y diversidad cultural. Pero a diferencia de los otros, él estaba dispuesto a llegar a extremos con los que los anteriores a él ni habían soñado. El fraile y sus compañeros católicos eran alimentados por un odio terrible a los herejes; para ellos, la herejía era el peor de todos los crímenes. Apoyados en su lógica, los asesinos y violadores podrían aún arrepentirse, lo que enviaría sus almas directamente al cielo, Los herejes, sin embargo, eran avaros, impenitentes, y sobre todo irredimibles. No merecían un lugar en esta tierra, sino sufrir por siempre en las profundidades llameantes del infierno.

Para sobrevivir, el público sabía que tenían que caminar como sobre cáscaras de huevo en lo que era considerado como herejía. Dudar de la resurrección de Cristo era suficiente para enviarlo a uno al cuarto de interrogación. Un hombre fue arrestado cuando sus reflexiones acerca de la lógica del embarazo de la Virgen María fueron escuchadas. Otro fue encausado por decir inocentemente que no tenía ningún escrúpulo acerca de dos personas fornicando antes del matrimonio.

Otros fueron encausados por practicar lo que la iglesia definía como indiscreciones sexuales. Estas incluían actos homosexuales, adulterio o actos sexuales fuera del matrimonio. Pero para Torquemada los peores pecadores de todos los herejes eran los falsos conversos, o como él los llamaba, los "relapsos" (herejes relapsos). Estos eran aquellos que exteriormente habían renunciado a su fe y abrazado el catolicismo, pero todavía practicaban a puertas cerradas su "falsa fe"

Funcionamiento interno de la Inquisición

``Además, el que blasfeme el nombre del Señor, ciertamente ha de morir y toda la congregación ciertamente lo apedreará: Tanto el forastero como el nativo, cuando blasfeme el Nombre, ha de morir." Levítico 24, 16

Torquemada decidió que se necesitaba otro intento de reorganización. Para localizar a los "relapsos", el Gran Inquisidor publicó un manual, junto con un estricto conjunto de instrucciones a las que cada inquisidor tenía que ajustarse al pie de la letra. Las reglas eran sencillas; tenían que arrestar a los herejes y contrainterrogarlos en el cuarto de interrogación. Los inquisidores estarían armados con preguntas y con unas listas de verificación de tal manera que pudieran determinar si los herejes eran o no enjuiciables.

Los manuales de los inquisidores incluían consejos y orientaciones sobre cómo identificar a los pícaros judíos conversos, o como otros los llamaban burlonamente, los "cripto-judíos." Los inquisidores estaban a la búsqueda de personas que cocinaban y limpiaban los viernes por la noche, lo que era una costumbre judía.

Estos relapsos frecuentaban las tiendas judías para aprovisionarse de alimentos acordes con la ley judía. Estas personas eran fáciles de identificar ya que la mayoría de los españoles de la época consumían enormes cantidades de cerdo, un alimento prohibido por las leyes judía y musulmana. La ausencia de humo en la chimenea los sábados por la noche era otra indicación de que los que estaban adentro estaban honrando el sábado.

En 1484, Torquemada instituyó veinticuatro nuevos artículos en el manual de los inquisidores y se añadieron nuevos crímenes a la lista de las herejías. La extensa lista incluye ahora la poligamia, la sodomía, la brujería y aún la usura. Con eso, los implacables inquisidores se lanzaron por las calles de España. Se escondían por las esquinas, observando y calculando cualquier movimiento de los ciudadanos. Por supuesto, el público odiaba a los inquisidores, tanto que muy pronto se les puso un nombre despectivo. La gente los llamaba los "Domini canes" o "los perros del Señor". Uno de los que vivió los horrores de la inquisición dijo lo siguiente en su diario: "Todo el mundo se estremece ante su mero nombre (Torquemada), pues tiene autoridad suprema sobre la propiedad, la vida, el honor, y aún las almas de los hombres."

Los historiadores describieron la banda de inquisidores como "una errabunda corte religiosa", y su presencia constante en las calles producía un sentimiento de miedo y de asfixia en toda España. Aquellos que temían ser encausados con frecuencia delataban a sus vecinos. Además, los niños (12 años las muchachas y 14 los muchachos), eran considerados responsables de sus acciones y podían también ser interrogados si era necesario.

Obviamente, la desconfianza entre las comunidades era una seria realidad. El temor de ser acusados hizo que muchos se adelantaran y calumniaran a sus vecinos. A otros se les lavaba el cerebro para que creyeran que era su obligación como fieles cristianos entregar a los insubordinados. Los archivos prueban cómo miles de informantes anónimos aparecieron en este sofocante período. De hecho, una de las claves del éxito de la inquisición fue el arsenal de escribanos de Torquemada. Estos hombres, o secretarios del Santo Oficio, reunían archivos detallados de todas las acciones de la inquisición. En las bodegas del Santo Oficio se mantenían bibliotecas con las transcripciones de los interrogatorios y archivos personales de los herejes acusados. Estos archivos criminales históricos significaban esencialmente la libertad o la muerte para los individuos acusados. Los ladrones comenzaron a meterse a las oficinas del Santo Oficio para sustraer tantos archivos como pudieran cargar. Estos archivos serían luego vendidos a los herejes por precios exorbitantes.

Los interrogatorios eran una pieza crucial de toda la maquinaria de la inquisición. Hacía dos siglos que el papado había aprobado el uso de la tortura durante el interrogatorio, y no es sorprendente que Torquemada y su gente explotaran este poder en su propio beneficio. Como la calma que viene antes de la tormenta, los interrogatorios comenzaban con un aire de paz en el cuarto. Lentamente, los inquisidores probaban al prisionero con preguntas sencillas acerca de su estilo de vida. Les preguntaban acerca de sus familia, dónde vivían, de qué vivían. Inclusive podrían pedirle que compartiera su comida favorita con la esperanza de aflojar la tensión en el cuarto. Sin que el prisionero se diera cuenta, el propósito de estas veladas preguntas era reunir información acerca de posibles herejes en la familia del prisionero. Para los inquisidores, estas personas podrían ser cómplices.

Una vez que el inquisidor llegaba al fin de la lista de verificación, la bola estaba de nuevo en terreno del prisionero. Se le daba la oportunidad de confesar por su propia cuenta. Aquellos que confesaban fácilmente sufrían los castigos más benignos. De la misma forma, aquellos que insistían en que no tenían nada qué confesar con frecuencia eran acusados de mentir. En lugar de dejarlos libres, en una época en que no existían órdenes judiciales ni abogados nombrados por la corte, el prisionero era arrastrado a una celda vacía y sucia del sótano. Allí quedaba en confinamiento solitario por días, a veces semanas, y en algunos casos extremos, meses para que reflexionara en su negativa a confesar. A los afortunados de entre esos prisioneros de largo plazo se les permitía esporádicamente salir de sus celdas para fregar las celdas de la prisión y barrer los corredores de las oficinas del Santo Oficio.

Siendo el inquisidor el único contacto del prisionero con el mundo exterior, no pasaría mucho tiempo antes de que su espíritu se doblegara y se pudiera sacar de ellos "una confesión." En este punto, sin embargo, los prisioneros que habían sido arrojados a confinamiento solitario eran considerados como confabulados e indignos de confianza a los ojos de los inquisidores. Algunos prisioneros confiaban en que si aceptaban una "pequeña confesión" eso sería suficiente para que fueran liberados. Todo lo contrario, estos caramelos solo exacerbaban el apetito del inquisidor, y con frecuencia, esto se tomaba como señal de que el prisionero era verdaderamente culpable. Su objetivo era debilitar al prisionero poco a poco hasta que se rompían y se derrumbaban, y las cargas de los traumas sicológicos, el encierro miserable, la sensación deformada del tiempo y la debilitante preocupación por su familia y amigos que se había desarrollado dentro del prisionero hacía precisamente eso. Se dice que algunos juicios se prolongaron por años sin fin, con el prisionero consumiéndose lentamente en su celda, esperando una justicia que nunca llegaría.

Si las cargas sicológicas no eran suficientes para doblegar al prisionero, los inquisidores buscaban la ayuda de los torturadores medievales, y dado el hecho de que esos torturadores eran pagados de acuerdo con el número de confesiones, naturalmente se lanzaban violentamente al ataque con medios morbosamente creativos para sacar la "verdad" de sus prisioneros. Los más efectivos de esos torturadores eran llamados de las diferentes sucursales del Santo Oficio extendidas por toda España y ganaban más que una decente cantidad de dinero en cada sesión.

Los más comunes de esos métodos de tortura eran la flagelación y la paliza. Los prisioneros eran desnudados y sus muñecas amarradas al poste de la flagelación. El torturador se colocaba detrás de ellos, blandiendo una colección de látigos, barras de metal, tablones gruesos de madera y un "gato de nueve colas" (un látigo con varios ramales). Azotaban la espalda de los prisionero con los espantosos instrumentos y tan terriblemente que la sangre manaba de los punzantes verdugones que aparecían en sus espaldas. Algunas de las barras de la inquisición que fueron recuperadas más tarde contenían pedazos de carne humana reseca que se había adherido al metal oxidado.

Los azotes eran considerados los más suaves métodos de tortura. Si los azotes no producían la información que lo inquisidores requerían, se usaba un montón de diferentes dispositivos de tortura, viejos y nuevos. Típicamente, la siguiente opción del torturador era la "estrapada." Los prisioneros, con las muñecas atadas, eran amarrados a un sistema de cuerdas y poleas, luego eran elevados hasta el techo, de unos 6 pies de altura. Un par de pesas de hierro que pesaban al menos cien libras se ataban a los tobillos del prisionero. Un tirón a la cuerda hacía que las pesas se vinieran abajo, lo que dislocaba los huesos y causaba serios daños en los nervios y las articulaciones.

Cuadro de una estrapada

Las armas e instrumentos de tortura desenterrados siglos después evidencian los horrores inimaginables y espeluznantes que los prisioneros enfrentaron; otras tácticas a las que recurrieron los deshonestos torturadores son una pesadilla. Pinzas amenazantes eran usadas para arrancar las uñas y para quebrar los dedos. Un dispositivo parecido arrancaba los pechos de las mujeres con sus clavos afilados. Pesas de hierro de cientos de libras se colgaban de los pechos de los prisioneros, aplastando las costillas y dejándolos lentamente sin respiración.

El horrible armamento no paraba allí. Los torturadores marcaban a los prisioneros con sus candentes hierros, mutilándolos cuando así lo deseaban. Restos de carne quemada de las plantas de pies humanos fueron hallados en los forros de botas de metal caliente. Los prisioneros eran atados a unas sillas de madera que tenían un asiento de punzones mohosos y afilados donde se les hacía sentar por horas. En días lentos, las cabezas de humillados prisioneros eran sumergidas repetidamente en baldes de agua sucia.

Los torturadores perfeccionaban aún más su macabra creatividad innovando, mejorando y compartiendo sus nuevos juguetes con sus colegas torturadores a través del país. A los que querían una alternativa a la estrapada les ofrecieron el tablero de tortura. El prisionero era extendido en un tablero de madera, o estante, con sus brazos y piernas estirados al máximo. Una vuelta de una rueda halaba las muñecas y los tobillos de los prisioneros, desencajando los miembros y causándoles un espantoso dolor. Además, el estante era versátil. Para cambiar el ritmo, se hacía que los prisioneros se tendieran en la ranura del estante mientras un artilugio pendular era suspendido encima de ellos con una bola de hierro dentado en la punta. A medida que oscilaba, la bola de hierro bajaba con cada movimiento y eventualmente cortaba los estómagos y pechos desnudos de los gimientes prisioneros.

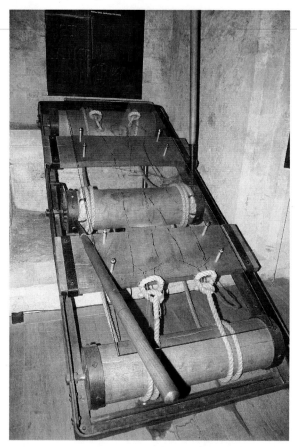

Pintura de un estante por David Bjorgen

Los torturadores que gozaban con la lenta angustia preferían el uso de cepos. Eran estos dos pesados pedazos de madera que se sujetaban a los tobillos del prisionero para inmovilizarlos. Las plantas de los pies eran cubiertas de manteca de cerdo y grasa, y se presionaban contra los pies unos braseros—contenedores medievales de hierro para carbón. Puesto que los cepos eran uno de los dispositivos con los más bajos promedios de fatalidad, el método fue casi exclusivamente usado con las mujeres o con niños a los que se hacía testificar contra sus padres. Las "Peras" eran otros dispositivos reservados para las mujeres. Estos objetos con forma de peras, que funcionaban como un sacacorchos, se colocaban en la boca o en la vagina.

Se sabe que la tortura de agua se mostró bastante útil durante los interrogatorios. Eran usadas variantes del moderno ahogamiento. Por ejemplo, a veces se hacía acostar al prisionero en una cierta clase de tablero mientras uno de los torturadores lo ataba y le apretaba la nariz. Se le ponía al prisionero un embudo en boca y se le echaban ocho cuartos de agua hirviendo por la garganta. A veces, se les rellenaba la boca con un trapo. Esto despertaba un movimiento reflejo de tragar, lo que forzaba al líquido a pasar al estómago, paralizando al prisionero con una horrible sensación de sofoco. El proceso se repetía hasta que el prisionero perdía la conciencia.

Quizás el más simbólico de todos esos dispositivos de tortura fue el tenedor del hereje. Este instrumento era básicamente la cabeza de una horca, que tenía cuatro puntas dentadas. Los dientes se prendían a un collar de metal alrededor del cuello de la víctima. Con las puntas colocadas debajo de la barbilla del prisionero, se les obligaba a mantener el cuello recto a toda hora. El mismo tenedor se podía también colocar alrededor del pecho de un prisionero suspendido del cielorraso.

Tenedor de hereje

Los archivos de los escribanos solo muestran una vislumbre de los horrores que tenían que enfrentar los prisioneros. Ciertas historias han salido a la luz después sobre las horribles experiencias de algunos prisioneros. Una de ellas habla de un sospecho relapso de la Ciudad Real que, cuando se negó a confesar, fue apuntalado y acallado con un trapo en la boca. Forzado a ingerir casi un litro de vinagre, perdió la conciencia y casi muere.

Unas millas más lejos, en Calen, una joven de 15 años fue separada de su madre, una relapsa sospechosa. La desnudaron y la azotaron hasta dejarle la espalda en carne viva y al fin "testificó" contra su madre. La abatida chica fue obligada a vivir el resto de su vida con sentimientos de culpa y de vergüenza ya que su madre fue ejecutada poco después de su testimonio.

Los inquisidores emplearon otro método para controlar la población—la humillación. En 1486, 750 relapsos, hombres, mujeres y niños, fueron acorralados en las calles de Toledo. Vestidos de sambenitos, que eran túnicas amarillas sucias con cruces rojas estampadas a través del pecho, se hizo marchar al grupo por las calles. La túnica era una marca para aquellos que habían pecado contra la iglesia católica. Un espectador anotó en su diario la atroz visión. A medida que el desfile recorría las calles, el grupo lloroso y profundamente perturbado sostenía contra su pecho, con puños temblorosos, unas velas apagadas. Los hombres del grupo tenían la cabeza completamente rapada, y las mujeres y los niños se aferraban unos a otros mientras unos pocos se arrancaban, delirantes por la vergüenza, trozos de cabello. Al final del desfile, fueron reunidos en la iglesia local. Un par de sacerdotes, situados al lado de cada una de las puertas, los iban saludando a medida que entraban. El clérigo impartía sobre cada uno el signo de la cruz a la vez que decía "recibe el signo de la cruz que negaste y perdiste por engaño." El grupo permanecía cautivo por otras seis semanas, sufriendo diarios azotes con un cordel de cáñamo antes de ser dejados en libertad.

Escalofriantes expedientes recuperados del Santo Oficio dan una idea del tormento mental sufrido por los prisioneros. Había reportes de gente, especialmente niños, que llorando por sus seres queridos suplicaban a los torturadores que se detuvieran. Otros, entre lágrimas y sangre, suplicaban misericordia y algunos acogían la muerte con brazos abiertos. Un número perturbador intentaba sin éxito razonar con los torturadores. Ellos insistían en que confesar algo que ellos o sus seres queridos jamás habían hecho era el más grande de todos los pecados. Sus gritos eran respondidos con mayores métodos de tortura.

El destino de los perseguidos

"Ciertamente se acerca el día; ardiente como un horno. Todos los orgullosos y malvados arderán como paja en una hoguera, dice el Señor omnipotente, y no quedará de ellos ni una raíz ni una rama." Malaquías 4:1

Los archivos son tan precisos que es posible para los historiadores rastrear todo el proceso seguido por un prisionero durante la inquisición.

En el momento en que el juicio de un prisionero terminaba, los inquisidores tenían una reunión en el Santo Oficio. Un representante del obispo, acompañado por consultores bien versados en teología y leyes, discutían el caso con el inquisidor. La sentencia del prisionero se determinaba por voto unánime. Si no se podía llegar a la unanimidad, el caso pasaba a la Corte Suprema de España.

Los prisioneros eran clasificados en dos grupos—los leves, criminales culpables de delitos menores y los vehementes, aquellos acusados de "serios crímenes." Un prisionero podía esperar cinco resultados de su sentencia. El primero era el más raro de todos—una absolución completa de todos los crímenes. Los prisioneros eran liberados y devueltos como miembros rehabilitados de la sociedad. Por supuesto, aunque a esos prisioneros se les permitía regresar a sus casas, muchos de ellos quedaban lisiados para el resto de sus vidas.

A veces la sentencia podía ser suspendida. Esto significaba que el prisionero era liberado bajo libertad condicional. Ellos podían ser supervisados en visitas sorpresivas o anunciadas por parte de la oficina del inquisidor y vivían bajo la amenaza de que su caso podía ser reabierto en la corte en cualquier momento.

La gravedad del crimen de un prisionero no importaba—ya fuera un robo, un asesinato o una simple herejía. Una vez que eran declarados culpables y condenados a muerte su destino era el mismo. Tenían que sufrir lo que la iglesia católica llamaba la "purificación del pecado por medio del fuego." Este era el temible "acto de fe." Esta morbosa y ampliamente alabada tradición tuvo lugar primero en Sevilla a principios de febrero de 1681, cuando seis personas fueron quemadas vivas. Dada la concurrencia de centenares de juicios en toda España, las autoridades decidieron que necesitaban un medio más eficiente de bregar con la afluencia de cadáveres; como resultado de eso, los inquisidores se inventaron las ejecuciones en masa.

En una época en que los espectáculos eran muy limitados, los autos de fe se convirtieron en un gran acontecimiento. Esta era la época en que eran comunes las corridas de toros con fuego—que eran exactamente lo que el nombre sugiere; el aguijoneo de animales vivos era una actividad recreativa de la que disfrutaban todas las familias medievales. En la misma tónica, el literal asado de perversos criminales era un acontecimiento anotado en los calendarios de las familias.

Estas ejecuciones en masa se hacían en las plazas y anfiteatros de las mayores ciudades y típicamente duraban todo el día. Miles de personas se congregaban en las plazas de las ciudades para presenciar el angustioso espectáculo público. Con grilletes de hierro en sus muñecas y tobillos, se hacía primero pasear a los prisioneros por medio de una multitud que se burlaba de ellos gritándoles obscenidades e insultos. En cabeza de la fila iba un sacerdote con cara solemne portando una larga cruz de madera. Al terminar la vuelta, se les llevaba a una improvisada tarima de madera.

El auto de fe más largo de la inquisición española tuvo lugar en Madrid en 1680. Entre los prisioneros condenados había cientos de mujeres y hombres, todos ellos sospechosos relapsos y herejes. Llegaron más de 5000 espectadores para presenciar la quema masiva, trayendo con ellos a sus familias y amigos. Los niños pequeños venían en los hombros de sus padres, desde donde tenían una lección visual de lo que les esperaba si desobedecían las leyes de la iglesia. Los vendedores de alimentos sacaban provecho de la reunión, recorriendo la plaza de la ciudad con alimentos calientes y bebidas frías para la audiencia que se esperaba.

Los archivos históricos muestran la cantidad de tiempo y esfuerzo que las autoridades ponían en este particular evento. Docenas y docenas de obreros y ayudantes llenaban la lista; ellos gastaban más de un mes construyendo la tarima. Los productores de cera eran los mayores vendedores del mes, pues casi todos los que venían al evento tenían una vela en sus manos.

Uno por uno, los prisioneros, llevando velas amarillas y unas cuerdas simbólicas alrededor del cuello, eran escoltados a la tarima. Unos sollozaban, otros suplicaban por sus vidas. Otros eran extrañamente estoicos, aparentemente resignados a su suerte. Todos vestían sambenitos con sus correspondientes sombreros blancos, largos y cónicos. Las cuerdas de los condenados eran negras y estaban adornadas con imágenes de dragones, serpientes, demonios y monos consumidos por el fuego del infierno.

Mientras el prisionero estaba en la tarima, el anfitrión del auto de fe, muy probablemente un inquisidor, declaraba su crimen de tal manera que toda la audiencia escuchara. Se les daba una última oportunidad de confesar. A los que hacían una confesión satisfactoria se les mostraba cierta compasión: se les estrangulaba con las cuerdas o con unas tiras de metal. Sus cuerpos eran arrojados a una crujiente pira de madera, llena de ramas y combustibles.

En cuanto a aquellos que de forma testaruda se negaban a confesar o a renunciar a su fe, su muerte sería lenta y terrible. Plenamente conscientes y vivos, estos prisioneros eran amarrados y subidos a la pira. Allí se les quemaba vivos, y la pestilencia de la piel quemada se mezclaba con los rugidos de aprobación de la multitud.

Expulsión de los judíos

"El miedo colectivo se parece al instinto del rebaño y tiende a producir ferocidad contra aquellos que no son considerados como miembros del rebaño." Bertrand Russell

Hacia 1490, doce años después de haber empezado la inquisición española, Torquemada, junto con los reyes católicos, se estaban impacientando. Frenar el crecimiento de los desobedientes conversos y herejes parecía estar tomando más tiempo del esperado. Las autoridades necesitaban una forma más eficiente y segura de limpiar definitivamente al país de los judíos españoles.

Se cree que Torquemada, quien abogaba por cortar todos los lazos con la comunidad judía, ayudó a atizar las llamas de la histeria antisemita. Él quería a todos los judíos fuera—rápidamente—y requería del apoyo sólido de las autoridades y del público católico. La historia de un trágico asesinato en la aldea La Guardia apareció pronto y se regó por todas partes. La historia, que muchos creen fue fabricada por Torquemada y por miembros de la iglesia, decía que seis relapsos y cinco conspiradores judíos practicantes supuestamente saquearon una casa cristiana y secuestraron a un niño, al que más tarde asesinaron. Aunque el cuerpo, que supuestamente fue crucificado, nunca apareció, el público se volvió histérico y pidió justicia para el "santo niño de la La Guardia."

Torquemada regó el chisme por el Santo Oficio a través de todo el país. Los hombres fueron eventualmente hallados culpables de hechicería, acusados de destripar al niño y usar su corazón para un sacrificio durante un rito pagano. Cada uno de los 11 hombres fue puesto en la hoguera.

Por este tiempo, el rey Fernando y la reina Isabel se hallaron en el centro de un tira y afloja entre Torquemada y Abrahán Señor, un judío consejero de la corte real. Por un lado, Torquemada sembraba la idea de expulsar a todos los judíos de España. Por el otro, Señor confiaba en poder sobornar a los reyes, prometiéndoles grandes cantidades de oro si permitían que los judíos permanecieran a salvo en España. Los monarcas estaban en un problema—ellos no podían simplemente rechazar las súplicas de Señor. Después de todo, fue él uno de los que ayudó con los planes de su boda.

Dice la leyenda que cuando Torquemada supo de la oferta de Señor se puso lívido. El Gran Inquisidor entró como una tromba a la cámara real y en forma dramática arrojo treinta monedas de plata a los asombrados Fernando e Isabel. Antes de que los monarcas abrieran la boca para protestar, Torquemada los interrumpió bramando, "Judas Iscariote vendió a su maestro (Cristo) por treinta monedas de plata. Sus Altezas lo venderían (por la misma cantidad). Aquí las tienen (las monedas), cójanlas y dénmelo". Eso pudo haber sido suficiente para mover al rey y a la reina a someterse a las demandas de Torquemada. Cuando Señor pidió una explicación, Isabel citó un versículo del libro de los Proverbios: "El corazón del rey está en las manos del Señor como un río: Dios lo voltea para donde quiere". Ella le aseguró que esta no era la voluntad de ellos, sino la de Dios y que "Dios había puesto esto en el corazón del rey."

Como resultado de esto, en marzo de 1492, el mismo año que los reyes patrocinaron el viaje de Cristóbal Colón a las Indias Occidentales, se aprobó el decreto de la Alhambra. Este era un edicto de expulsión de todos los judíos españoles, efectivo inmediatamente. Un pasaje del decreto declaraba, "Ordenamos que todos los judíos y judías de cualquier edad salgan de nuestros reinos y dominios con sus hijos, hijas, sirvientes… de lo contrario incurrirán en pena de muerte sin ningún juicio, declaración o sentencia." Los judíos tenían hasta julio de aquel año, escasamente tres meses, para decidir si querían convertirse al catolicismo o ser expulsados permanentemente del reino de España. Se les ordenaba llenar sus vagones con todas sus posesiones, pero que dejaran su oro, dinero, joyas y las escrituras de sus tierras y casas. Hoy en día, los judíos expulsados son conocidos como "judíos sefarditas"; Sefardí era España en hebreo.

Las distintas fuentes han disputado a través de los años acerca del número de judíos desterrados de España luego de la proclamación del Decreto de la Alhambra. Algunas dicen que el número ascendió a 400.000 mientras que las fuentes modernas lo ponen en 80.000. Henry Kamen, el historiador que dio esta última cifra, estimó que unos adicionales 200.000 relapsos sospechosos estuvieron en la mira del decreto. De esos, 50.000 optaron por convertirse y se les permitió quedarse.

Cuando el decretó se proclamó, un grupo de judíos de Segovia permaneció dentro de los muros de la ciudad, asentándose cerca del cementerio. Estando allí, suplicaron a las autoridades que se les permitiera regresar a sus casas, pero sus súplicas cayeron en oídos sordos. Eventualmente, los desterrados judíos salieron y la mayoría se asentaron en Portugal. Otras familias cruzaron el mar hasta Marruecos u otras regiones de Europa, Norte de África y el Imperio Otomano.

En 1494, solo dos años después del establecimiento del decreto, Torquemada sacó ventaja de la expulsión. Con mucha de la tierra ahora liberada por los judíos que salieron, al Gran Inquisidor se le regaló el cementerio judío cerca de Ávila para uso privado de su monasterio.

Para empeorar las cosas, no todas las familias judías que emigraron pudieron llegar al lugar de su destino. Se dice que varios de los barcos que transportaban a esas familias pertenecían a capitanes deshonestos. Supuestamente, ellos les cobraban "una fortuna" por el viaje, pero tan pronto como navegaban por medio del océano, todos los que iban a bordo eran robados, asesinados y lanzados a las turbias aguas. Para añadir otra nota amarga, los de Portugal nunca tuvieron la oportunidad de asentarse en su nueva casa; ellos tuvieron que mudarse solo unos años después, cuando Portugal cayó bajo el control de los monarcas españoles.

Torquemada continuaría con su reinado de terror como Inquisidor General por otros seis años. El hombre que fue responsable de la "purificación" de España y de la inhumana tortura de miles viviría una larga vida, sin enfrentar nunca la venganza de aquellos a los que hizo daño. En 1498, quince años después de haber Torquemada asumido el título, el Gran Inquisidor murió pacíficamente por causas naturales en el monasterio de Ávila a la edad de 78 años.

Censura, control y los moros

"Donde queman libros, al final quemarán también seres humanos." Heinrich Heine, *Almansor*

Piadosamente, al menos en este caso, todas las cosas llegan a un fin. El Papa Alejandro VI (mejor conocido todavía como el tristemente famoso Rodrigo Borja), después de haber recibido innumerables quejas por parte del público y de otros clérigos acerca de las tácticas deshonestas de Torquemada, decidió que había que hacer algo. Para restablecer cierto orden, el Papa invitó a cuatro hombres a funcionar como inquisidores auxiliares.

Papa Alejandro VI

Al entrar la inquisición española al siglo 16, las olas del baño de sangre se habían calmado hasta cierto punto. Durante los años del liderazgo de Torquemada fueron muertos un número estimado de 2.000 relapsos sospechosos. El siguiente en la lista para ocupar el puesto de Gran

Inquisidor era el cardenal Arzobispo de Toledo, Francisco Jiménez de Cisneros. Él, también, había servido como uno de los confesores personales de la reina Isabel.

Cisneros

Después de la reacción contra el despreciable dominio de Torquemada, Cisneros estaba determinado a reestructurar el sistema del Santo Oficio una vez más. A partir de ese momento, a cada tribunal se le asignó un par de inquisidores dominicos, un alguacil, un fiscal, un consejero legal y un grupo de ayudantes para colaborar con la documentación. La iglesia católica no tenía ya control absoluto de la inquisición, ya que cada tribunal era supervisado por funcionarios bien educados del gobierno que conocían todos los recovecos de la ley.

El joven Carlos V asumió el trono de España en 1516 y los perseguidos en España esperaban que el nuevo rey traería con él un plan para detener la inquisición, o al menos una era de cambio. Hacía ya muchos años que las Cortes de España (la Asamblea Nacional de España) habían expresado serias preocupaciones por medio de peticiones y cartas sin respuesta. Sin embargo, el nuevo monarca pidió que la inquisición continuara según lo planeado.

Carlos V

De 1530 a 1560, desde la mitad del reinado de Carlos hasta el de Felipe II, hubo una notable disminución en el número de judíos relapsos perseguidos. Según las estadísticas, el personal de conversos se redujo hasta el 3% del total. Sin embargo, el encanto de la paz iba a ser interrumpido en 1588, cuando los inquisidores tropezaron con un grupo encubierto de cripto-judíos en Quintanar de la Orden, una de las provincias de Toledo. El grupo había estado practicando la "ley mosaica" o sea guardando el sábado, lo mismo que la Nueva Luna (rosh chodesh) y otros días de fiesta judíos. De esta manera, los judíos relapsos volvieron a ser el objetivo principal de la inquisición.

Simultáneamente, la inquisición fijó su mirada en otros grupos de reformadores protestantes. Uno de ellos eran los "alumbrados". Esta secta mística, cuyos seguidores se concentraban principalmente en Guadalajara y Valladolid, se esforzaba por alcanzar un alto grado de perfección espiritual. Los que de verdad tuvieran almas puras, así creían ellos, tenían acceso a una visión divina dada por el Espíritu Santo y podrían entonces descubrir por completo el enigma de la Santísima Trinidad.

Una vez que los inquisidores supieron de los alumbrados levantaron las horcas. Su líder de 1525, Alonso Manrique de Lara, había decidido perseguir al grupo, condenándolos por medio de un edicto de herejía. Varios sospechosos alumbrados fueron enjuiciados, algunos de ellos pagando largas sentencias de prisión. Uno esos casos incluía la hija de un trabajador de Salamanca quien alegaba haber tenido conversaciones con Jesús y su Santa Madre. Afortunadamente, no hay reportes de juicios contra algún alumbrado que hubiera resultado en ejecución.

Los inquisidores comenzaron a investigar también a los intelectuales. Hombres bien educados, escritores y clérigos que admiraban las enseñanzas de Erasmo, un sacerdote católico y humanista holandés, fueron acusados de acoger "ideas no ortodoxas" que lindaban con la herejía. Juan de Valdés, un célebre escritor religioso, fue obligado a escapar, aterrizando en Italia. Juan de Ávila, un predicador alumbrado, no tuvo tanta suerte: fue arrestado y pasó cerca de un año en la cárcel.

Erasmo

Valdés

Los inquisidores dieron un nuevo nombre a los infractores. Ahora eran llamados "Luteranos." No todos eran protestantes o ni siquiera religiosos. Los borrachos, los burlones cristianos, los perturbadores del orden público y otros sinvergüenzas eran rotulados en la misma forma.

Para ganar control absoluto sobre el público, la Iglesia y sus inquisidores acudieron a la censura para apagar ideas que no tenían cabida en su agenda. Libros que "evocaran, describieran o enseñaran cosas lascivas y obscenas" fueron prohibidos al público. En 1551, los inquisidores lanzaron oficialmente su primer índice de libros prohibidos para las masas, y una simple frase de algo que la iglesia considerara blasfemo o anticatólico bastaba para darle a un autor un lugar en el índice. Autores cuyas obras no tenían ningún tono religioso, tales como los dramaturgos Gil Vicente y Lope de Vega, aparecieron en la lista. Las obras maestras de los grandes escritores extranjeros, como Maquiavelo y Dante, también fueron prohibidas. Aún autores que hoy en día son considerados santos fueron puestos en el índice. Los aldeanos asistirían regularmente a la quema de libros organizadas por las iglesias locales, reuniéndose alrededor de un fuego rugiente, desencuadernando los libros y arrojando la despedazada literatura a las llamas.

No pasaría mucho tiempo antes de que la Iglesia Católica se diera cuenta de las muchas fallas de estos índices. Toda la literatura prohibida debilitaba el crecimiento intelectual de su gente y sus clérigos y muchos comenzaron a quejarse por la extrema limitación en la variedad de libros. Para remediar las quejas, las autoridades se acomodaron. Un nuevo índice fue publicado después, que ahora tenía la mitad del tamaño de la lista anterior. En cuanto a los libros que se habían liberado, fueron puestos otra vez al alcance del público. Estos libros alterados contenían ciertos pasajes que habían sido eliminados, lo mismo que ciertas páginas misteriosamente desaparecidas.

Los perseguidos relapsos no eran únicamente judíos o protestantes. Una de las más grandes poblaciones de conversos fueron los moros, también conocidos como musulmanes. Entre el siglo 16 y la primera mitad del siguiente, los moros españoles, aunque perseguidos, fueron en gran medida dejados tranquilos. Su presencia era todavía muy necesaria para el imperio español, puesto que la riqueza de los exitosos musulmanes ayudaba a impulsar la debilitada economía.

La comunidad morisca, que se situó en España a principios del siglo 10, había florecido a través de los años. La ciudad de Córdoba había llegado a ser la capital morisca de España, un área rebosante de hospitales bien equipados, suaves carreteras pavimentadas. Era una comunidad rebosante de arte, literatura y creatividad. En una época en que toda Europa poseía solo 600 libros, los musulmanes de Córdoba publicaban anualmente 6.000.

Las tensiones entre los Viejos Cristianos y los moriscos comenzaron en el siglo 15 y se extendieron hasta el 16. En 1499, Cisneros fue enviado a Córdoba y las ciudades vecinas del sur de España para que se encargara de los musulmanes. Los inquisidores entraron a las casas y a los establecimientos sagrados, confiscando todos los manuscritos escritos en árabe. Estos manuscritos fueron incinerados, mientras que aquellos que se atrevían a desafiar las órdenes de los inquisidores eran arrestados, torturados y sus pertenencias robadas. Como predicaba Cisneros, "Si los infieles (moriscos) no pueden ser atraídos al camino de la salvación, deben ser arrastrados allí."

Los musulmanes españoles intentaron la retaliación. Protestaron contra las conversiones forzadas por medio de manifestaciones en las calles, prometiendo destronar al rey católico y poner en su lugar un reemplazo musulmán. Los monarcas de aquella época, Fernando e Isabel, intervinieron pronto. El día de san Valentín del 1502, se proclamó un decreto separado para los musulmanes de Granada, ordenándoles convertirse al catolicismo so pena de incurrir en la ira de los inquisidores—cierta forma de condena a muerte. Una gran porción de los musulmanes españoles se rindieron a las órdenes del rey y se convirtieron al catolicismo, pero como los judíos relapsos, muchos de los musulmanes convertidos continuaron practicando su fe a puertas cerradas. Otros escogieron retirarse a las montañas Alpujarras, con la esperanza de que el terreno rocoso e inhospitalario mantendría alejados a los inquisidores. El resto del siglo 16, los viejos cristianos y los moriscos vivieron en relativa armonía.

En el reinado de Felipe III, sin embargo, la relación entre los católicos y los musulmanes se hizo difícil. El 9 de abril de 1609, el rey, apoyado por el Duque de Lerma, su consejero económico, y el Arzobispo Juan de Rivera, formalmente decretó la "expulsión de los moriscos." El decreto ordenaba fríamente a los moros "partir bajo pena de muerte y confiscación…no llevar consigo dinero, lingotes de plata, joyas, o letras de cambio, solo lo que pudieran llevar. A todos los moros españoles se les dio un plazo de tres días para empacar sus cosas y embarcarse con rumbo al norte de África y otros lugares dentro del imperio Otomano. Aproximadamente 300.000 moriscos, o sea 4% de la población de España, fueron expulsados del país.

Felipe III

Las dificultades de los moriscos ahora sin hogar no pararon ahí. Reportes de testigos presenciales y archivos históricos destacan la crueldad de su expulsión. Cristianos llenos de odio asaltaban las casas de los moriscos y, en algunos casos, secuestraban los niños moros para criarlos como católicos. Los moros eran asesinados en las calles por deporte, y algunos soldados lo hacían simplemente por aburrimiento. Las familias moriscas no solo tenían que pagar por su viaje al nuevo hogar, sino que un número de mujeres y hombres moriscos eran también violados y robados en los barcos.

Hacia 1614, en un período de solo cinco años, la población morisca de España fue virtualmente aniquilada.

Los otros herejes

"Es peligroso estar en lo cierto en materias en las que las autoridades establecidas están equivocadas." –Voltaire

Además de los relapsos, toda clase de gente de los más variados estilos de vida era señalada como herejes. Un buen ejemplo es la caza de brujas que tomó por asalto a la inquisición española a principios del siglo 17. A la vez, una limpieza similar de la brujería tuvo lugar en países vecinos como Alemania, Francia y Escocia.

Los sospechosos de "actividades supersticiosas" eran tildados de brujos malignos practicantes de la magia negra. Uno de los casos más notables fue el de los procesos vascos contra las brujas en Logroño, una ciudad en el norte de España. La cacería comenzó a principios de enero de 1609 y se prolongó hasta principios de noviembre de 1610. Durante este tiempo, más de 7.000 casos pasaron por los inquisidores y se encontró tanta evidencia que la documentación alcanzó unas 11.000 páginas.

La mayoría de los acusados eran mujeres, pero algunos sacerdotes, y aún niños hasta de 13 años, fueron interrogados también. El manual de los inquisidores incluía un pasaje que hacía la lista de signos que identificaban a una bruja o un adorador pagano. Esta era gente que reverenciaba las plantas, los árboles y los elementos de la naturaleza como dioses y que erigían altares de piedra y flores para ofrecer sus respetos. Brujas eran aquellas que hacían brebajes de amor, bendecían "piedras de fertilidad" y hacían abortos sin supervisión con hierbas y medicinas extrañas. Sacerdotes de los que se decía que habían curado enfermos milagrosamente con maleficios o amuletos engastados con nombres de santos eran también arrestados.

Entre el 7 y el 8 de noviembre de 1610 hubo un auto de fe en Logroño. Aquí, seis personas fueron quemadas en la hoguera, mientras esculturas de madera con las imágenes de otros cinco prisioneros fueron también arrojadas al fuego. Finalmente, la moda de caza de brujas nunca se popularizó, especialmente porque muchos creían que los cargos mismos eran supersticiosos. Alonso de Salazar Frías, el inquisidor de Logroño, fue uno de los que defendió el acabar con la cacería de brujas. Es bien sabido que dijo que "no hay ni brujas ni embrujados en una aldea hasta que se comienza a hablar y a escribir de ellos." Muy pronto se ganó el apodo de "abogado de las brujas."

Otros delitos heréticos comunes eran la bigamia y el adulterio. Durante la inquisición española hubo cientos de juicios dedicados a estos crímenes. Mientras tanto hombres como mujeres eran condenados por bigamia, los hombres eran típicamente condenados de por vida a trabajos forzados en las galeras, mientras que las mujeres pagaban por esos crímenes con su vida.

Para los inquisidores los más serios criminales eran los "pervertidos sexuales" regados sin control por las ciudades; y las más serias de esas perturbaciones eran la masturbación y la sodomía. Un caso notable cuenta la historia Agustina Ruiz, de 20 años de edad. En 1621, su sacerdote, el padre Manuel de Santo Tomás, fue al Santo Oficio de la localidad llevando noticias profundamente perturbadoras. Aparentemente, Ruiz, unas de sus visitantes regulares en el confesionario, había admitido que se había estado masturbando desde que tenía 11 años. Este era un imperdonable "pecado de polución." Para empeorar las cosas, Ruiz también le había contado sobre alarmantes fantasías sexuales en las que practicaba sexo en trío y actos homosexuales. Como castigo, Ruiz fue enviada a un convento por tres años.

Ella fue una de las más afortunadas. Durante la inquisición española, aproximadamente quinientos casos de sodomía adornaron el podio del inquisidor. El primer acusado de sodomía fue quemado en la hoguera en Valencia en 1572. De ahí en adelante, cientos más de nobles, clérigos, trabajadores, marinos, soldados y sirvientes fueron también acusados. Los sodomitas que eran condenados a muerte eran castrados y amarrados de los pies, con los testículos colgados de su cuello como una bufanda.

Casi todos los casos de sodomía se daban entre un hombre mayor y un adolescente varón. Alrededor de cien de esos casos incluían sospecha de abuso infantil, y solo un pequeño número era entre adultos consensuales. Quizás un hecho, hasta cierto punto alentador, era que los niños menores de 12 años, junto con adolescentes que habían podido probar que habían sido violados, no eran castigados. Como regla general, los sodomitas menores de 25 años no eran ejecutados.

Los masones fueron otro grupo condenado al ostracismo por la inquisición. Esta organización fraternal, resucitada a principios del siglo 18, era una hermandad que aceptaba hombres de buen carácter de todos los credos, profesiones o estado social. En 1738, la iglesia católica criticó abiertamente la hermandad y la añadió a la lista de los herejes.

La animosidad de los inquisidores contra los masones fue tan fuerte que la simple sospecha de ser un miembro de ella podía acarrear la pena de muerte. En 1815, el Inquisidor General y obispo de Almería, Francisco Javier de Mier y Campillo, clamó por una limpieza de masones. Campillo quería acabar con todas las logias masónicas, a las estigmatizaba como "sociedades que conducen al ateísmo, la sedición, y a toda clase de errores y crímenes."

Llegando a un fin

"¿La inquisición? Su antiguo poder ya no existe; la horrible autoridad que esta sangrienta corte ejerció en otros tiempos fue reducida." –Autor desconocido

El día que Carlos fue nombrado Rey de España marcó el comienzo de un cambio que los críticos de la inquisición llevaban mucho tiempo esperando. Hacia 1700, la inquisición había comenzado a deteriorarse y ya no exhibía el mismo lustre que tuvo bajo el mandato de Torquemada. De todas maneras, la inquisición seguiría sobreviviendo por más de cien años, hasta comienzos del siglo 19.

Carlos V

Carlos, que fue inspirado por la Era de la Luz española del siglo anterior, vio el daño que las controvertidas persecuciones habían causado al bienestar del pueblo. Más importante aún, el ahogo de las ideas y las creencias no ortodoxas estaba lenta pero seguramente matando la economía. Ahora que Carlos estaba a cargo, trabajó para dar fin a eso. Durante su reinado, el control de la inquisición comenzó a aflojar. En áreas como Valladolid, Sevilla y Salamanca, los libros que aparecían en la lista del índice de la iglesia católica comenzaron a aparecer con relativa facilidad en las manos del público.

El primer intento de abolición de la esclavitud vino durante la invasión de Napoleón, quien coronó a su hermano José como rey de España en 1808, pero este intento duró poco. Cuando Fernando VII le sucedió en el trono en julio de 1814 trató de revivir la inquisición una vez más.

Fernando VII de España

Tres años más tarde, un antiguo secretario del equipo del inquisidor, Juan Antonio Llorente, sería noticia. Llorente que se había convertido en seguidor de Napoleón y había sido desterrado a Francia, publicó un libro titulado con acierto *Historia de la Inquisición de España.* Las encarnizadas críticas del libro, junto con extractos tomados directamente de los archivos del Santo Oficio se cree que condujo a otra abolición temporal, que duró otros tres años.

Llorente

Aunque la inquisición no fue nunca restaurada formalmente, el rey Fernando restableció la Congregación de las Reuniones de la Fe, una organización sospechosamente parecida a los sepultados tribunales. En 1826, esta misma congregación condenó a un hombre llamado Cayetano Ripoll. Este maestro de escuela fue acusado de ser deísta y fue censurado por supuestamente inculcar con sus enseñanzas principios deístas a los impresionables niños cristianos. El 26 de julio, Ripoll fue ahorcado, haciendo oficialmente de él el último en ser ejecutado por la inquisición española.

La inquisición española desaparecería finalmente por completo ocho años más tarde. El 15 de julio de 1834, la viuda de Fernando, María Cristina, firmó y publicó un decreto real que ordenaba su terminación. En un interesante giro de los acontecimientos, dos años antes del desmantelamiento de la inquisición, un grupo de rebeldes llegaron hasta la tumba de Torquemada. El lugar fue destrozado y los huesos fueron excavados y quemados hasta que no fueron más que ceniza, igual a los de las víctimas de la inquisición. El Decreto de La Alhambra que desterraba a los judíos no fue levantado hasta mucho más tarde, el 16 de diciembre de 1968.

María Cristina

El número de vidas que se perdieron en la era de persecución es todavía hasta hoy materia de disputa. Mientras antiguos cálculos hablan de 32.000, modernos historiadores arguyen que estuvo más bien entre 3.000 y 5.000. Independientemente del número final, una cosa es cierta: La inquisición española continúa siendo un escalofriante capítulo de la brutalidad humana, del fanatismo religioso y de la opresión que permanecerá como una mancha en las páginas de la historia.

Bibliografía

1.   "The Horrors of the Church and Its Holy Inquisition." La Ciencia Real. Yahoo, n.d. Web. 31 Oct. 2016.

2.   Levine, Jason. "Christian-Jewish Relations: The Inquisition." Jewish Virtual Library. American-Israeli Cooperative Enterprise, 2016. Web. 31 Oct. 2016.

3.   Freeman, Shanna. "How the Spanish Inquisition Worked." How Stuff Works. InfoSpace Holdings, LLC, 2016. Web. 31 Oct. 2016.

4.   "THE INCREDIBLE STORY OF THE JEWISH PEOPLE." The Jewish Story. Blogspot, n.d. Web. 31 Oct. 2016.

5.   Ferguson, Everett. "Persecution in the Early Church: Did You Know?" Christianity Today. Christianity Today, LLC, 1990. Web. 31 Oct. 2016.

6.   "History of the Dominican Friars." Dominican Foundation. Dominican Friars of the Province of St. Joseph, 2016. Web. 31 Oct. 2016.

7.   Connor, Tracy, and Jon Schuppe. "Pope Francis Makes Saint of Controversial Missionary." NBC News. NBC Universal, 23 Sept. 2015. Web. 31 Oct. 2016.

8.   "What Is the Decree That Pope Gregory IX Issued in 1231?" Christianity Stack Exchange. N.p., 14 Jan. 2015. Web. 31 Oct. 2016.

9.   "Nine Lives Are Not Enough: Inquisitions, Cat Massacres, and the Black Death." EsoterX. WordPress, 20 Feb. 2014. Web. 31 Oct. 2016.

10.   "The Inquisition." History of England. WordPress, 30 Mar. 2014. Web. 31 Oct. 2016.

11.   Rodriguez, Jesus Rueda. "What Were the Factors That Led to the Spanish Inquisition?" Quora. N.p., 4 Nov. 2015. Web. 31 Oct. 2016.

12.   Chalmers, Brian. "The 'Jewish Question' in 15th and 16th Century Spain." Institute for Historical Review. Institute for Historical Review, Feb. 1996. Web. 31 Oct. 2016.

13.   Telushkin, Joseph. "Modern Jewish History: The Spanish Expulsion." Jewish Virtual Library. American-Israeli Cooperative Enterprise, 1991. Web. 31 Oct. 2016.

14.   "First Hand Account of the 1492 Expulsion by an Italian Jew." Sephardic Studies. Foundation for the Advancement of Sephardic Studies and Culture, 2004. Web. 31 Oct. 2016.

15.   "The End of Spanish Jewry." Jewish History. The Destiny Foundation, 8 Sept. 2011. Web. 31 Oct. 2016.

16.   "BLACK DEATH." History Channel. A&E Television Networks, LLC, n.d. Web. 31 Oct. 2016.

17.   Trueman, C. N. "The Black Death of 1348 to 1350." The History Learning Site. N.p., 5 Mar. 2015. Web. 31 Oct. 2016.

18.   Wein, Berel. "The Black Death." Jewish History. The Destiny Foundation, 14 Nov. 2012. Web. 31 Oct. 2016.

19.   "Black Death Reaches Worms." On This Day In Messianic Jewish History. WordPress, 1 Mar. 2015. Web. 1 Nov. 2016.

20. "The Most Evil Men in History Torquemada." Dores Hugden. N.p., 22 Jan. 2014. Web. 1 Nov. 2016.

21. "Tomas De Torquemada." Religion Facts. Religion Facts, Inc., 10 Nov. 2015. Web. 1 Nov. 2016.

22. Gitlitz, David M. "Conversos and the Spanish Inquisition." PBS. Inquisition Productions, Inc., May 2007. Web. 1 Nov. 2016.

23. "Tomas De Torquemada." Encyclopedia of World Biography. The Gale Group, Inc., n.d. Web. 1 Nov. 2016.

24. Lewis, Jone Johnson. "Queen Isabella I of Spain." About. About, Inc., 11 May 2016. Web. 1 Nov. 2016.

25. "Medieval Torture." Medieval Warfare Info. N.p., 2013. Web. 1 Nov. 2016.

26. "Christopher Colombus." History Channel. A&E Television Networks, LLC, n.d. Web. 1 Nov. 2016.

27. Cole, Juan. "Burning the Qur'an? 'Wherever They Burn Books, They Will in the End Burn Human Beings'." Informed Comment. Informed Comment, Inc., 31 July 2010. Web. 1 Nov. 2016.

28. Madden, Thomas F. "The Truth about the Spanish Inquisition." Crisis Magazine. Crisis Magazine, Ltd., 2 Apr. 2011. Web. 1 Nov. 2016.

29. "Jiménez De Cisneros, Francisco." Encyclopedia of World Biography. The Gale Group, Inc., 2004. Web. 1 Nov. 2016.

30. "Alumbrado." Encyclopedia Britannica. Encyclopedia Britannica, Inc., n.d. Web. 1 Nov. 2016.

31. "Erasmus (c.1466 - 1536)." BBC. N.p., 2014. Web. 1 Nov. 2016.

32. Roberts, Mike. "The Spanish Inquisition." Medieval Chronicles. WordPress, 2014. Web. 1 Nov. 2016.

33. Carr, Matt. "Spain's Ethnic Cleansing: The Muslim Moriscos." History Today. History Today, Ltd., 2 Feb. 2009. Web. 1 Nov. 2016.

34. "SPAIN'S FORGOTTEN MUSLIMS – THE EXPULSION OF THE MORISCOS." Lost Islamic History. N.p., 9 Nov. 2012. Web. 1 Nov. 2016.

35. "Sentenced to the Galleys." Virtual Museum of Protestantism. Virtual Museum of Protestantism, n.d. Web. 1 Nov. 2016.

36. Flamehorse. "10 Horrifying Tortures Of Early Christians." Listverse. Listverse, Ltd., 24 Sept. 2013. Web. 1 Nov. 2016.

37.   Perry, Michael. "1680: A Madrid Auto De Fe." Executed Today. WordPress, 30 June 2012. Web. 1 Nov. 2016.

38.   "Martyr For Deism: Cayetano Ripoll." World Union of Deists. World Union of Deists, LLC, n.d. Web. 2 Nov. 2016.

39.   Dashu, Max. "The SECRET HISTORY of the WITCHES." Suppressed Histories. WordPress, 2000. Web. 2 Nov. 2016.

40.   Tortorici, Zeb. "Against Nature: Sodomy and Homosexuality in Colonial Latin America." Academia. N.p., 3 Oct. 2012. Web. 2 Nov. 2016.

41.   "What Is Freemasonry?" The Grand Lodge of Ohio. N.p., n.d. Web. 2 Nov. 2016.

42.   "Pope Leo Speaks to the Extraordinary Synod on Marriage and the Family, Mark II." A Blog for Dallas Area Catholics. WordPress, 30 Sept. 2014. Web. 2 Nov. 2016.

43.   Foxe, John. Foxe's Book of Martyrs. N.p.: Revell, 1999. Print.

44.   Joinville, Jean De. Chronicles of the Crusades. N.p.: Penguin Classics, 2009. Print.

45.   Lindemann, Albert S. Antisemitism: A History. N.p.: Oxford UP, 2010. Print.

46.   Foa, Anna. The Jews of Europe after the Black Death. N.p.: U of California, 2000. Print.

47.   Gottfried, Robert S. The Black Death: Natural and Human Disaster in Medieval Europe. N.p.: Free, 1985. Print.

48.   Perez, Joseph. The Spanish Inquisition: A History. N.p.: Yale UP, 2006. Print.

49.   Burgess, Bruce, dir. "The Spanish Inquisition." Inquisition. Like a Shot Entertainment. 2014. Television.

50.   Rabinovitch, David, dir. "The Spanish Inquisition." Secret Files of the Inquisition. Insight Film Studios. 2006. Television.

Libros gratuitos por Charles River Editors

Tenemos nuevos títulos disponibles de forma gratuita casi todos los días de la semana. Para ver cuáles de nuestros títulos están disponibles de forma gratuita, haz click en este enlace.

Libros con descuento por Charles River Editors

Tenemos títulos con un precio en descuento de 99 céntimos cada día. Para ver qué titlos están a 99 céntimos, haz click en este enlace.

Made in United States
North Haven, CT
16 May 2022

19221266R00030